**Brandon Brown**

Cover and Chapter Art by
Robert Matsudaira

by
Carol Gaab

Italian Translation & Adaptation by
Francesca Silvano

# Brandon Brown vuole un cane

Copyright © 2016 by TPRS Publishing, Inc. All rights reserved. No part of this book may be reproduced or transmitted in any form or by any means, electronic or mechanical, including photocopying, recording, or by any information storage or retrieval system, without express written consent from TPRS Publishing, Inc.

**TPRS Publishing, Inc.**
**P.O. Box 13409**
**Chandler, AZ 85248**
**800-877-4738**
**info@tprstorytelling.com ~ TPRstorytelling.com**

**ISBN: 978-1-940408-91-0**

## A NOTE TO THE READER

This fictitious novel is based on approximately 100 unique words in Italian. It contains a *manageable* amount of vocabulary, making it an ideal first read for beginning language students.

All words are listed in the glossary at the back of the book. Keep in mind that many verbs are listed in the glossary more than once, as most appear throughout the book in various forms and tenses. (Ex.: I go, he goes, let's go, etc.) Vocabulary that would be considered beyond a 'novice-low' level is footnoted within the text, and the meanings given at the bottom of the page where each occurs.

The opinions and events in this story do not reflect or represent the opinions or beliefs of TPRS Publishing, Inc. This novel is intended for educational entertainment only. We hope you enjoy reading it!

# *Capitoli*

**Capitolo 1: Brandon vuole un cane** .......... 1

**Capitolo 2: La mamma non vuole un cane** .... 7

**Capitolo 3: Un cane per Brandon** ........... 13

**Capitolo 4: Il cucciolo di Brandon** .......... 24

**Capitolo 5: Capitano Brandon** ............. 29

**Capitolo 6: Che disastro!** ................. 37

**Capitolo 7: Dal dottore.** .................. 45

**Capitolo 8: La mamma aveva ragione...** ...... 52

**Capitolo 9: Il segreto** .................... 58

**Capitolo 10: Il compleanno di Brandon** ...... 65

**Glossario** .............................. 75

# Capitolo 1
# Brandon vuole un cane

Brandon vuole un cane. Vuole un cane grande. Vuole un cane molto grande! Vuole un cane grande come Clifford, ma non vuole un cane rosso come Clifford. Brandon non vuole un cane rosso, vuole un cane di un colore normale. Ma vuole un cane grande!

*Brandon Brown*

Sua sorella Katie ha un ratto, ma Brandon non vuole un ratto. I ratti sono orribili. Brandon non vuole un ratto orribile. Vuole un buon cane. Vuole un cane grande! Vuole un cane molto grande!

Anche[1] la sua amica Jamie ha un ratto, ma Brandon non vuole un ratto. I ratti sono orribili! Brandon non vuole un ratto orribile. Vuole un buon cane. Vuole un cane grande! Vuole un cane molto grande!

[1]*anche - too; also*

Capitolo 1

Il suo buon amico Jake ha un cane. Il cane di Jake è grande. Il cane di Jake è anche intelligente! Brandon vuole un buon cane come il cane di Jake. Vuole un cane grande e intelligente!

I ratti non sono intelligenti! I cani sono intelligenti, e Brandon vuole un cane intelligente! Vuole un cane grande e intelligente come il cane di Jake.

*Brandon Brown*

Al parco Brandon vede molti cani e dice:

"Voglio un cane!" Vede un cane grande e dice: "Voglio un cane grande!"

Vede un cane piccolo e dice:

"Voglio un cane, ma non voglio un cane piccolo. Voglio un cane grande!"

Capitolo 1

Brandon vede molti cani in TV. Guarda il film 'Io e Marley' e dice:

"Marley è un cane perfetto! Voglio un cane come Marley. Marley è un cane grande. Voglio un cane grande! Voglio un buon cane come Marley!"

Poi guarda il film 'Beethoven' e dice:

"Voglio un cane come Beethoven! Beethoven è un cane grande. Beethoven è un cane molto grande! Voglio un cane grande! Voglio un buon cane come Beethoven!"

Brandon guarda un programma di animali, e vede molti cani. Vede cani grandi e cani piccoli. Brandon vede Clifford, Marley e Beethoven in TV. Vede molti cani e dice: "Oh! Voglio un cane!"

## Capitolo 2
## La mamma non vuole cani

"Mamma," dice Brandon, "Voglio un cane. Voglio un cane grande!"

"Brandon, un cane è una grande responsabilità" risponde sua mamma.

"Sì, mamma. Ma io sono responsabile!"

"Brandon, tu hai 8 anni. Un cane è una

grande responsabilità per un bambino di 8 anni."

"È vero[1]," risponde Brandon, "un cane è una grande responsabilità per un bambino di 8 anni, ma non per un bambino di 9 anni."

"Hahaha! Sei intelligente, Brandon!" dice sua mamma.

"Sì, mamma, sono intelligente e sono anche responsabile!"

Brandon ha 8 anni, ma in due giorni ha 9 anni. Il suo compleanno è il 3 di luglio. Brandon

---

[1] vero - true

Capitolo 2

vuole un cane per il suo compleanno. Un cane è un buon regalo di compleanno[2]!

"Mamma, voglio un cane per il mio compleanno!" dice Brandon.

"Vuoi un cane per il tuo compleanno?" domanda sua mamma sorpresa.

"Sì, mamma!" esclama Brandon con entusiasmo. "Voglio un cane grande per il mio compleanno!"

"Brandon, i cani causano problemi."

"Problemi?" domanda Brandon confuso.

"Sì, Brandon. I cani causano molti problemi."

Brandon è intelligente e risponde: "Mamma, tu non vuoi un cane perché i cani causano problemi?"

"Sì, Brandon. Non voglio un cane perché i cani causano molti problemi!" risponde sua mamma.

[2]*regalo di compleanno - birthday gift*

"Ma i ratti causano problemi. Mia sorella Katie ha un ratto che causa problemi…"

"Brandon, i ratti causano problemi piccoli, ma i cani causano problemi grandi!" dice sua mamma.

"Il cane di Jake non causa problemi. È un buon cane!"

La mamma di Brandon non vuole un cane e non vuole continuare la conversazione. Brandon non è contento, perché vuole un cane.

Capitolo 2

Brandon continua la conversazione e dice:

> "Mamma, voglio un buon cane come il cane di Jake. Voglio un cane grande".
>
> "I cani grandi causano problemi grandi", dice sua mamma irritata. "Un cane è una grande responsabilità".
>
> "È una grande responsabilità per un bambino di 8 anni, ma non di 9 anni. Non sono un bambino e sono molto responsabile".

La mamma di Brandon non risponde, e Brandon continua: "Non voglio un Xbox per il mio compleanno e non voglio un iPhone. Voglio un cane. Voglio un buon cane per il mio compleanno!"

*Driin, driin…* Sua mamma risponde al telefono: "Pronto[3]!"

---

[3] *pronto* - "hello" when answering the phone

*Brandon Brown*

"Per favore, mamma!" insiste Brandon. "Voglio un cane! Voglio un cane grande per il mio compleanno!"

"Shhh…" dice sua mamma irritata. "Sono al telefono!"

Brandon non è contento!

# Capitolo 3
# Un cane per Brandon

Brandon prende la bici.

"Ciao, Brandon!" dice la mamma.
"Devi[1] ritornare a casa alle 8!"

"Va bene, mamma, ritorno alle 8. Ciao!"

Brandon dice ciao alla mamma e va a casa del suo buon amico Jake.

---

[1] *devi - you must; you should*

*Brandon Brown*

Brandon vede Jake e vede il suo cane Sansone. Brandon dice:

"Ciao, Jake! Ciao, Sansone!"

"Ciao, Brandon!" dice Jake.

*"Bau bau!"* risponde Sansone.

## Capitolo 3

"Wow!" esclama Brandon. "Sansone è un cane intelligente!"

"Sì", dice Jake. "Sansone è un cane molto intelligente!"

"Sansone causa problemi?" domanda Brandon.

Jake risponde sorpreso:

"Problemi? Sansone? No! Sansone non causa problemi!"

"La mamma dice che i cani causano molti problemi!"

"Non è vero. Non tutti i cani causano problemi. Sansone non causa problemi. Sansone è un buon cane. Sansone è un cane perfetto!" dice Jake.

"Voglio un buon cane come Sansone!" dice Brandon. "Sansone è un cane perfetto!"

I due bambini vanno al parco in bici.

"Ciao, Sansone!" dice Brandon.

"Bau bau!" risponde Sansone.

Capitolo 3

Al parco ci sono molti cani. Brandon e Jake vedono cani grandi e cani piccoli. Brandon guarda i cani e dice:

"Ci sono molti cani al parco!"

Improvvisamente Brandon vede un cucciolo[2] e dice:

[2]*cucciolo - puppy*

"Guarda, Jake… Un cucciolo!"

Il cucciolo ha un collare. Brandon prende il cucciolo e dice: "Ciao, come ti chiami?"

Brandon e Jake guardano il collare con attenzione ma non vedono il nome del cucciolo. Non vedono il numero di telefono.

"Non vedo il nome del cucciolo!" dice Brandon.

Capitolo 3

"Non vedo il numero di telefono!" dice Jake.

"Oh... Non vedo la tua mamma!" dice Brandon al cucciolo.

Brandon e Jake vedono molti cani al parco. Vedono cani grandi e cani piccoli, ma non vedono la mamma del cucciolo. Improvvisamente, Brandon esclama:

*Brandon Brown*

"Sono le 7:45! Andiamo[3]!"

"E il cucciolo? Non vuoi portare[4] il cucciolo a casa?

"Portare[5] il cucciolo a casa?" domanda Brandon sorpreso.

"Sì, porta il cucciolo a casa!" insiste Jake.

Brandon vuole portare il cucciolo a casa, ma è nervoso. La mamma non vuole un cane! Il suo buon amico Jake insiste:

"Brandon, vuoi un cane o no?"

"Mmm... Sì, ma la mamma non vuole un cane!" risponde Brandon nervoso.

"Brandon! Porta il cucciolo a casa!" insiste Jake. "Tu non hai un cane, e lui non ha una famiglia. È una situazione perfetta!" esclama Jake.

---

[3] andiamo - *let's go*
[4] non vuoi portare - *don't you want to bring*
[5] portare - *(to) bring*

Capitolo 3

Brandon decide di portare il cucciolo a casa in segreto. Brandon è nervoso, prende il cucciolo e va a casa in bici.

*Brandon Brown*

Brandon entra in casa in silenzio. Non vede la sorella. Non vede la mamma o il papà. Brandon va in camera. È molto nervoso.

"Brandooon!" dice sua mamma, "Sei a casa?"

Capitolo 3

"Sì, sono in camera mia!" risponde Brandon.

"Tutto bene?" domanda sua mamma.

"Sì, mamma, tutto bene!" risponde Brandon.

Brandon chiude la porta della camera e guarda il cucciolo. Finalmente ha un cane. Brandon è contento. Brandon è molto, molto contento!

# Capitolo 4
# Il cucciolo di Brandon

Brandon va a dormire con il cucciolo. Il cucciolo si addormenta contento. Anche Brandon si addormenta contento.

Alle 5 il cucciolo fa rumore[1] e Brandon si sveglia. Brandon guarda il cucciolo. Il cucciolo fa rumore, ma non si sveglia. Fa rumore e dorme. Brandon guarda il cucciolo. È molto contento. Poi si addormenta.

[1] *fa rumore - makes noise*

Capitolo 4

Alle 7 il cucciolo fa rumore e si sveglia. Anche Brandon si sveglia. Brandon guarda il cucciolo e vede il letto bagnato[2]! Anche il pigiama di Brandon è bagnato! Che disastro! Brandon dice: "Mamma mia! Il cucciolo ha fatto[3] la pipì a letto!"

Il cucciolo guarda Brandon e abbaia! "Bau bau bau!"

"Vuoi mangiare? Vuoi i cereali?" domanda Brandon. "Io voglio i cereali!" dice Brandon.

[2]bagnato - wet
[3]ha fatto - made

*Brandon Brown*

Mette[4] il cucciolo in armadio[5]. Il cucciolo non è contento e dice, "Mmm… bau, bau… mmm!" Il cucciolo fa rumore e Brandon dice:

"Shhh! Prendo i cereali e ritorno!"

Brandon prende i cereali. Ritorna in camera con i cereali e chiude la porta della camera perché il cucciolo fa molto rumore. Brandon non vuole svegliare la famiglia.

La mamma vede Brandon e va in camera di Brandon. Brandon è nervoso perché il cucciolo fa molto rumore. Brandon ha una soluzione: imita il cucciolo!

[4]*mette - he puts*
[5]*armadio - closet*

Capitolo 4

"Mmmm... bau, bau!" dice Brandon.

"Brandon, perché abbai come un cane?" domanda sua mamma.

"Perché voglio un cane! Io sono un cane! Io sono un buon cane!" risponde Brandon.

"Hahaha! Brandon, che immaginazione!" esclama sua mamma.

La mamma di Brandon non sente il cane, ma vede il letto bagnato.

"Brandon!" dice la mamma sorpresa, "Hai fatto la pipì a letto?"

Brandon è nervoso e non dice del cucciolo in armadio, allora risponde:

*Brandon Brown*

"Mmmm…bau…bau… Sì, mamma!"

"Brandon," dice la mamma con calma, "Non preoccuparti. È normale."

Brandon è imbarazzato. A 8 anni è grande per la pipì a letto, ma non dice del cucciolo in armadio. Il cucciolo abbaia e fa molto rumore, allora Brandon lo imita:

"Mmmm…mmmm…bau"

Improvvisamente la mamma sente il telefono: *Driin, driin*… La mamma risponde al telefono e chiude la porta della camera.

Brandon apre l'armadio e vede la pipì in armadio. Mamma mia! Che disastro!

## Capitolo 5
## Capitano Brandon

Brandon è in camera sua. Brandon è molto contento! Finalmente ha un cane! Il cucciolo fa rumore e abbaia, allora Brandon lo imita: *"Mmm... mmm... bau, bau!"*

Brandon non esce dalla camera tutto il giorno. Non vuole abbandonare il suo buon cucciolo. Brandon costruisce una fortezza. Lui è il capitano della fortezza e il cucciolo è la

*Brandon Brown*

guardia della fortezza. Brandon non vuole abbandonare la sua fortezza. Brandon mette il cucciolo nella fortezza. Finalmente ha un cane. Brandon è molto contento. Improvvisamente Brandon sente che sua mamma chiama:

"Braaandon, Kaaaatie... Volete mangiare?"

"Braaandon! Kaaaaatie!"

"Sì, mamma" risponde Katie.

Capitolo 5

Anche Brandon vuole mangiare, ma non vuole mangiare con la sorella. Vuole mangiare nella fortezza con il suo buon cucciolo. Allora dice alla mamma:

> "Mamma, voglio mangiare in camera mia. Voglio mangiare nella fortezza. Va bene?"

> "Hahaha... Va bene, Brandon. Che immaginazione!"

> "Anch'io voglio mangiare nella fortezza!" dice Katie alla mamma.

Mamma mia! Brandon non è contento! Non vuole mangiare con la sorella.

> "Maaammaaa!" dice Brandon irritato, "Non voglio mangiare con mia sorella Katie. Voglio mangiare da solo. Sono il capitano della fortezza e non voglio mangiare con una bambina! Voglio mangiare da solo!"

> "Va bene, capitano!" dice la mamma.

*Brandon Brown*

Katie mangia con la mamma e Brandon mangia con il suo buon cucciolo nella fortezza. Brandon mangia molto. Anche il cucciolo mangia molto e poi si addormenta. Brandon non esce dalla camera tutto il giorno. Brandon non esce dalla fortezza.

Alle 6 il papà di Brandon ritorna a casa. La mamma dice:

"Brandoooon, Katieeee... Papà è a casa. Volete mangiare?"

Capitolo 5

> Volete mangiare?

Sua sorella Katie vuole vedere il papà, ma Brandon non vuole vedere il papà. Non vuole uscire dalla camera. Non vuole abbandonare il suo buon cucciolo e dice:

"Maaammaaa! Voglio mangiare nella mia fortezza!"

"No, Brandon. Devi mangiare con la tua famiglia" dice la mamma.

"Ma mammaaaaa, io sono il capitano!" dice Brandon irritato.

*Brandon Brown*

"E papà è il presidente. Mangia con il presidente. Hahaha!"

Brandon non vuole abbandonare il suo buon cucciolo. Non vuole mangiare con la sua famiglia.

Brandon mette il cucciolo in armadio e chiude la porta. Il cucciolo non è contento, fa molto rumore e abbaia: "Mm... mmm... bau, bau...!"

Brandon chiude la porta della camera e va a mangiare con la sua famiglia.

Brandon non mangia molto perché è nervoso. La famiglia sente il rumore del cucciolo?

Capitolo 5

> "Mmm...bau... mmm...bau... bau"
>
> "Mmm...Mmm bau...bau"

Il cucciolo fa molto rumore. "Mmm… mmm… bau, bau…!" Allora Brandon lo imita:

"Mmm… bau, bau…mmm"

"Brandon, perché abbai come un cane?" domanda il papà curioso.

"Hahaha… Perché Brandon è un cane!" risponde la mamma.

"Hahaha! Che immaginazione!" esclama suo papà.

"Brandon ha l'immaginazione di un bambino piccolo!" dice sua sorella Katie irritata.

*Brandon Brown*

Improvvisamente, il cucciolo abbaia *"Mmm… bau… bau"*

Brandon lo imita: *"Mmm… bau… bau"*

"Brandon! Tu non sei un cane!" dice Katie irritata.

"Mmm… Per favore, mamma! Voglio andare in camera mia! Voglio ritornare nella mia fortezza!" dice Brandon.

"Sì, per favore!" dice sua sorella Katie "Devi ritornare nella tua fortezza!"

"Va bene, capitano. Ritorna nella fortezza!" dice la mamma.

Brandon va in camera e abbaia come un cane per confondere la sua famiglia. Il cucciolo che abbaia è un segreto. Brandon chiude la porta della camera, vede il suo buon cucciolo e dice:

"Sono contento perché ho un cane!"

## Capitolo 6
## Che disastro!

Brandon prende il cucciolo dall'armadio e mette il cucciolo nella fortezza. Sente un rumore. Esce dalla fortezza e vede il suo buon amico Jake alla finestra. Jake entra dalla finestra e dice:

*Brandon Brown*

"Ciao, Brandon!"

"Ciao, Jake!" risponde Brandon.

"Come sta il cucciolo?"

Brandon e Jake entrano nella fortezza. Jake vede il cucciolo e dice:

"Ciao, cucciolo! Come ti chiami?"

"Mmm… si chiama… mmm… si chiama

Capitolo 6

Denver!"

"Ciao, Denver" dice Jake al cucciolo.

"Mmm… mmm" dice il cucciolo.

"Hahaha! Denver è molto intelligente!" dice Jake.

Il cucciolo non fa rumore e si addormenta. Brandon è contento, perché il cucciolo non fa rumore. Jake e Brandon sono nella fortezza.

"Denver è un buon cane! È un cane perfetto!" dice Jake.

"È vero!" dice Brandon, "È un buon cane. È un cane perfetto!"

*Brandon Brown*

Improvvisamente, Brandon sente un rumore. Sua mamma entra in camera. Brandon esce dalla fortezza.

"Sì, mamma?"

"Capitano, va a dormire!"

"Va bene, mamma" risponde Brandon.

"Va in bagno, così non fai la pipì a letto!"

Brandon è imbarazzato, perché Jake sente della pipì a letto. Quando sua mamma esce dalla camera, Jake domanda sorpreso: "Hai fatto

Capitolo 6

la pipì a letto???"

"No!" risponde Brandon irritato "Il cucciolo ha fatto la pipì a letto! Ha fatto la pipì anche in armadio!"

"Ha fatto la pipì anche nella fortezza!" esclama Jake.

Jake vede i suoi pantaloni bagnati. Jake non è contento. Jake esce dalla fortezza e dice ciao a Brandon. Esce dalla finestra e va a casa.

Brandon entra nella fortezza e vede la pipì del cucciolo per terra.

"Dormi nella fortezza" dice Brandon al cucciolo. "Tu non dormire nel mio letto perché fai la pipì a letto!"

*Brandon Brown*

Brandon va in bagno e ritorna in camera. Chiude la porta e va a dormire. Il cucciolo dorme nella fortezza e Brandon dorme nel letto.

Alle 7 il cucciolo si sveglia e fa rumore. Anche Brandon si sveglia. Guarda il cucciolo e

Capitolo 6

vede un problema. Vede un grande problema! Brandon vede la pupù del cucciolo per terra!

"Mamma mia! Che disastro!" esclama Brandon disperato.

*"Mmm... bau, bau"* dice il cucciolo.

La mamma chiama Brandon. Brandon mette il cucciolo in armadio e chiude la porta. La mamma entra in camera e vede la pipì e anche la pupù per terra.

"Mamma mia! Che problema!" esclama la mamma.

*Brandon Brown*

Brandon è molto imbarazzato e non risponde.

"Brandon! Perché hai fatto la pipì e anche la pupù per terra? Non stai bene?" dice sua mamma.

"Mmm… sì, mamma. È vero... non sto bene. Mi dispiace[1]!"

Brandon è molto, molto imbarazzato.

"Brandon, chiamo il dottore!" dice la mamma.

---

[1]*Mi dispiace - I'm sorry*

## Capitolo 7
## Dal dottore

"Sì, Dottore" dice la mamma al telefono. "Brandon sta male. Ha fatto la pipì a letto. Ha fatto la pipì e anche la pupù per terra e abbaia come un cane tutto il giorno!"

Brandon è imbarazzato, molto imbarazzato! Non vuole andare dal dottore. Sua mamma aveva ragione[1]! I cani causano problemi. Un cane è una grande responsabilità.

"Va bene, Dottore" dice la mamma. "Grazie!"

Brandon è a letto e il cucciolo è in armadio. Il cucciolo abbaia, allora Brandon lo imita *"Mmmm... bau, bau"*

[1] *aveva ragione - she was right*

Capitolo 7

La mamma entra in camera di Brandon. È molto preoccupata[2].

"Brandon, andiamo dal dottore!"

"No, mamma! Non voglio andare dal dottore!" risponde Brandon irritato.

"Brandon, tu stai male e io sono preoccupata!" dice la mamma.

[2]*preoccupata - worried*

*Brandon Brown*

Il cucciolo fa molto rumore e abbaia. Brandon lo imita per confondere la mamma. *"Mmmm... bau, bau... Mmmm... bau, bau"*

"Brandon, per favore... Stai male... dormi!" dice sua mamma preoccupata.

"Va bene, mamma, dormo!" dice Brandon.

"Dormi bene, Brandon!" dice sua mamma. Poi esce dalla camera e chiude la porta.

Brandon non dorme. Prende il cucciolo dall'armadio e lo mette nella fortezza. Non esce dalla camera. Non esce per mangiare. Non esce per andare in bagno. Sta tutto il giorno nella fortezza con il cucciolo. Alle 3:45 sua mamma lo chiama:

"Braaandooon! Andiamo dal dottore!"

Brandon mette il cucciolo in armadio e chiude la porta. *"Mmm...mmm....mmm"* dice il

Capitolo 7

cucciolo. "Ciao, Denver!" dice Brandon.

Brandon è preoccupato per il cucciolo. Non vuole andare dal dottore. Brandon è imbarazzato! Non ha fatto la pipì e la pupù per terra!

In clinica, il dottore fa molte domande a Brandon. La mamma risponde alle domande. Brandon non vuole rispondere. È imbarazzato, molto imbarazzato!

"Brandon ha fatto la pipì a letto?" domanda il dottore alla mamma.

*Brandon Brown*

"Sì, Dottore."

"Ha fatto la pipì per terra?

"Sì, Dottore. Ha fatto la pipì per terra. E ha fatto anche la pupù per terra!"

"Mamma mia!" dice il dottore. "Brandon sta molto male. Ha un virus"

"Oh no! Un virus! La festa di compleanno di Brandon è in 2 giorni" dice la mamma. "Cancelliamo la festa?"

## Capitolo 7

"Brandon, vuoi cancellare la festa per il tuo compleanno?" domanda il dottore a Brandon.

"NO!" esclama Brandon. "Non voglio cancellare la festa! Non sto male!"

"Brandon, hai fatto la pipì a letto e per terra?"

"Mmmm... sì, Dottore"

"Hai fatto anche la pupù per terra?"

"Mmmm... sì, Dottore" risponde Brandon imbarazzato.

"Brandon, devi dormire. Va' a casa a dormire!" dice il dottore. "Sicuramente, stai molto male!"

Brandon e sua mamma ritornano a casa. Brandon è molto imbarazzato e preoccupato. Non vuole cancellare la festa di compleanno. Sua mamma aveva ragione... I cani causano molti problemi!

# Capitolo 8
# La mamma aveva ragione...

Brandon e sua mamma ritornano a casa in silenzio. Quando Brandon entra in casa, sente molto rumore. Il cucciolo fa molto rumore! Brandon lo imita per confondere sua mamma *"Bau... Mmmm... Bau, bau..."* Poi va in camera e esclama: "Oh no! Mamma mia!!!"

Capitolo 8

La camera di Brandon è un disastro! La fortezza è un disastro, l'armadio è un disastro... C'è la pipì e c'è anche la pupù per terra! Che problema!

Brandon chiude la porta. É molto preoccupato. Se la mamma entra in camera e vede il disastro, sicuramente è un problema! Se la mamma entra in camera e vede il cucciolo, è un problema! Brandon mette il cane in armadio.

*Brandon Brown*

Pulisce la camera e pulisce per terra. Vuole dormire, ma il cucciolo abbaia e fa molto rumore: *"Mmmm… bau… mmmm."* Allora Brandon prende il cucciolo dall'armadio.

Capitolo 8

Improvvisamente, Brandon sente un rumore. È il suo amico, Jake. Jake entra in camera dalla finestra e dice:

"Ciao, Brandon. Come sta Denver?"

"Sta molto male!" risponde Brandon irritato. Brandon dice tutto a Jake: "Jake, mamma vuole cancellare la festa per il mio compleanno!"

"Oh no, Brandon!" dice Jake.

"Denver causa molti problemi. Mia mamma aveva ragione. Un cane è una grande responsabilità" dice Brandon.

*Brandon Brown*

"Non vuoi il cucciolo???" domanda Jake sorpreso.

"Sì, voglio il cucciolo, ma è una grande responsabilità e io ho solo 8 anni…"

"Ma in due giorni hai 9 anni!" risponde Jake con entusiasmo.

Jake vede che Brandon ha problemi, ma Jake ha una soluzione e dice:

## Capitolo 8

"Brandon, ho un'idea. Porta il cucciolo al parco!"

"Portare Denver al parco? E perché?" domanda Brandon confuso.

"Così un altro bambino vede il cucciolo e lo porta a casa!" dice Jake.

"Ma io non voglio abbandonare Denver!" insiste Brandon.

"Non devi abbandonare Denver! Sicuramente un altro bambino lo porta a casa. È un'idea perfetta!"

Brandon è preoccupato. Non vuole abbandonare Denver, ma non vuole problemi. Jake convince il suo amico, ma Brandon dice:

"Se un altro bambino non porta Denver a casa, il cucciolo ritorna a casa con me!"

"Non preoccuparti" dice Jake, "Sicuramente c'è un'altra casa e un'altra famiglia per Denver!"

## Capitolo 9
## Il segreto

Alle 7:15 Jake ritorna a casa di Brandon. Jake è sorpreso perché Brandon è a letto in pigiama. Brandon è a letto. Il cucciolo è in armadio, abbaia e fa rumore.

Capitolo 9

Brandon è nervoso, ma non c'è una soluzione. Prende il cucciolo dall'armadio e esce dalla finestra con il cucciolo.

Brandon e Jake vanno al parco in bici. Il cucciolo fa rumore e abbaia *"Mmm...mmm... mmm..."*

Brandon guarda il cucciolo preoccupato e dice:

"Jake, sono preoccupato per Denver!"

"Stai tranquillo, Brandon" risponde

Jake, "la mia idea è perfetta! Sicuramente c'è un'altra casa e un'altra famiglia per Denver."

"Sono preoccupato per mia mamma. Se entra in camera mia e non mi vede, Sicuramente è un problema!"

Jake è preoccupato, ma non risponde. Jake e Brandon vanno in bici al parco. Quando sono al parco, Brandon guarda il cucciolo e dice:

"Mi dispiace, Denver!"

Capitolo 9

Improvvisamente, Brandon sente una bambina che esclama con entusiasmo:

"Il mio cucciolo!"

Brandon è molto sorpreso e dice: "È il tuo cucciolo???"

"Sì! Non vedi il collare?" Domanda la bambina.

"Sì, ma non vedo il nome, non vedo il numero di telefono…" dice Brandon.

La bambina ha una parte del collare e dice:

"Vedi la parte del collare con il nome?"

Brandon vede il nome del cane: Lucky. La bambina dice:

"Grazie! Grazie per il mio cucciolo!" e prende il cucciolo.

"Ciao, Denv… Mmm… Lucky!" dice Brandon al cucciolo.

Capitolo 9

"Ciao! E grazie!" dice la bambina.

Brandon e Jake ritornano a casa. Brandon è molto nervoso. Entra in camera dalla finestra. Non fa rumore e chiude la finestra. Improvvisamente la mamma apre la porta, entra in camera e domanda:

"Stai bene, Brandon?"

*Brandon Brown*

"Sì, mamma. Sto bene" risponde Brandon.

"Va bene, dormi!" dice la mamma, poi esce dalla camera e chiude la porta. Brandon chiama la mamma: "Maaammaaa!"

Sua mamma entra in camera e domanda: "Sì, Brandon?"

"Mi dispiace, mamma. Mi dispiace molto!" dice Brandon.

"Stai tranquillo, Brandon" dice la mamma, "dormi!"

La mamma esce e Brandon si addormenta.

# Capitolo 10
# Il compleanno di Brandon

Brandon si sveglia alle 8. È molto contento. Non ha la responsabilità di un cane. Non ha un cane che causa problemi. Non vede distastri. Non c'è la pipì e non c'è la pupù per terra. Finalmente la bambina del parco ha il suo cane.

*Brandon Brown*

La bambina ha la responsabilità di un cane. Brandon esce dalla camera.

"Come stai Brandon?" domanda sua mamma preoccupata.

"Sto benissimo, mamma. Sto molto bene!"

La mamma domanda: "Non stai male?"

"No, non sto male. Sicuramente sto bene. Sto benissimo!" risponde Brandon con entusiasmo. Brandon è preoccupato perché non vuole cancellare la sua festa di compleanno!

"Mamma" dice Brandon alla mamma preoccupato, "vuoi cancellare la mia festa di compleanno?"

"Perché? Stai male? Se stai male, cancelliamo."

"No, mamma. Non sto male. Sto benissimo!"

"Va bene, non cancelliamo la festa di

## Capitolo 10

compleanno" risponde la mamma.

Brandon è contento perché sua mamma non cancella la festa di compleanno.

Brandon sta con sua mamma tutto il giorno a decorare la casa per la festa. Preparano i biscotti[1]. Brandon è molto felice. Che giorno incredibile!

Brandon va in camera e si addormenta. Dorme molto bene. Quando si sveglia non c'è rumore e non ci sono problemi. Sua mamma aveva ragione: i cani sicuramente causano molti problemi. Brandon non ha problemi. È molto contento. Improvvisamente la famiglia di Brandon entra in camera.

[1] *biscotti - cookies*

*Brandon Brown*

"Sveglia, Brandon!" dice la mamma con entusiasmo. "Buon compleanno!"

"Buon compleanno!" dice sua sorella Katie.

"Buon compleanno, Brandon!" dice il papà.

Brandon è molto contento per la festa! Brandon e la sua famiglia preparano la casa per la festa. Tutto è preparato!

Capitolo 10

Improvvisamente, la famiglia sente *'ding, dong'*... Brandon apre la porta. Entra la nonna[2] con un regalo grande e dice: "Buon compleanno, Brandon!"

"Grazie, nonna!" risponde Brandon e prende il regalo.

Brandon sente un altro *'ding, dong'* e apre la porta. Entra la sua amica Jamie e dice:

"Ciao, Brandon! Buon compleanno!"

"Grazie, Jamie!" risponde Brandon.

[2] *nonna - grandma*

*Brandon Brown*

Poi entrano molti amici. Entra il suo buon amico Jake con i suoi amici Samuele e Manuele. Gli amici dicono:

"Buon compleanno!"

"Grazie!" risponde Brandon con entusiasmo.

Ci sono molti amici a casa di Brandon per la festa. Che festa perfetta! I bambini mangiano pizza e biscotti. Poi la mamma dice: "Brandon, devi aprire i regali!"

Capitolo 10

Brandon è molto contento! Vuole aprire tutti i regali! Apre un regalo piccolo. È un gameboy. "Fantastico! Grazie!" dice Brandon. Poi apre un regalo grande. È una chitarra[3]. Una chitarra è un buon regalo.

"Wow! Grazie!" dice Brandon.

Brandon apre i regali. Apre regali grandi e regali piccoli. Quando finisce di aprire i regali, Brandon dice grazie a tutti i suoi amici.

[3]*chitarra - guitar*

Improvvisamente entra il papà con un altro regalo e dice:

"Devi aprire un altro regalo, Brandon!"

Brandon prende il regalo. Tutti gli amici guardano Brandon che apre il regalo.

"Oh! Wow! ... È un cucciolo!!!" dicono gli amici.

Capitolo 10

"*Bau, bau*" esclama il cucciolo.

"Mamma mia!" dice Brandon!

# Glossario

**a** - to
**abbai** - you bark
**abbaia** - s/he barks
**abbandonare** - to abandon
**si addormenta** - s/he falls asleep
**al** - to the (*contraction*)
**alla** - to the (*contraction*)
**alle** - to the (*contraction*)
**allora** - so
**altro** - other
**amica** - friend (feminine)
**amici** - friends
**amico** - friend (masculine)
**anche** - also
**anch'io** - me too; also I
**andare** - to go
**andiamo** - let's go
**animali** - animals
**anni** - years
**apre** - s/he opens
**aprire** - to open
**armadio** - closet
**attenzione** - attention
**aveva ragione** - s/he was right

**bagnati** - wet (*plural*)
**bagnato** - wet (*singular*)
**bagno** - bathroom
**bambina** - little girl
**bambini** - children
**bambino** - little boy
**bau** - woof
**bene** - well
**benissimo** - very well
**bici** - bike
**biscotti** - cookies
**buon** - good
**c'è** - there is
**calma** - calm
**camera** - room
**cancella** - s/he cancels
**cancellare** - to cancel
**cancelliamo** - let's cancel
**cane** - dog
**cani** - dogs
**capitano** - captain
**capitolo** - chapter
**casa** - house; home
**cereali** - cereal
**che** - who; that
**chiama** - s/he calls

*Glossario*

**Come ti chiami?** - What's your name?; (What do you call yourself)
**chiamo** - I call
**chitarra** - guitar
**chiude** - s/he closes
**ci sono** - there are
**ciao** - hello; goodbye
**clinica** - clinic
**collare** - dog collar
**colore** - color
**come** - like; as
**Come ti chiami?** - What's your name?
**compleanno** - birthday
**con** - with
**confondere** - to confuse
**confuso** - confused
**contento** - happy
**continua** - s/he continues
**continuare** - to continue
**conversazione** - conversation
**convince** - s/he convinces
**così** - so; that way
**costruisce** - s/he builds; constructs
**cucciolo** - puppy

**curioso** - curious
**da'** - s/he gives
**da** - from
**dal** - from the (*contraction*)
**dalla** - from the (*contraction*)
**dall'armadio** - from the closet
**danno** - they give
**decorare** - to decorate
**del** - of the (*contraction*)
**della** - of the (*contraction*)
**devi** - you must; you should
**di** - of
**dice** - s/he says
**dicono** - they say
**disastro** - disaster
**disperato** - desperate
**mi dispiace** - I'm sorry
**distastri** - distasters
**domanda** - question
**domande** - questions
**dorme** - s/he sleeps
**dormi** - you sleep
**dormire** - to sleep
**dormo** - I sleep
**dottore** - doctor
**due** - two
**è** - s/he, it is

*Glossario*

**e** - and
**entra** - s/he enters
**entrano** - they enter
**entusiasmo** - enthusiasm
**esce** - s/he exits, leaves
**esclama** - s/he exclaims
**fa** - s/he makes, does
**fai** - you make, do
**famiglia** - family
**fantastico** - fantastic
**fatto** - made; did
**favore** - favor
**felice** - happy
**festa** - party
**film** - film; movie
**finalmente** - finally
**finestra** - window
**finisce** - s/he finishes
**fortezza** - fortress
**giorni** - days
**giorno** - day
**gli** - the (*masculine plural*)
**grande** - big; large (*singular*)
**grandi** - big; large (*plural*)
**grazie** - thanks
**guarda** - s/he looks (*at*)
**guardano** - they look (*at*)
**guardia** - guard

**ha** - s/he has
**hai** - you have
**ho** - I have
**i** - the (*masculine plural*)
**idea** - idea
**il** - the (*masculine singular*)
**imbarazzato** - imbarassed
**imita** - s/he imitates
**immaginazione** - imagination
**l'immaginazione** - the imagination
**improvvisamente** - suddenly
**in** - in
**incredibile** - incredible
**insiste** - s/he insists
**intelligente** - intelligent; smart (*singular*)
**intelligenti** - intelligent; smart (*plural*)
**io** - I
**irritata** - irritated (*feminine*)
**irritato** - irritated (*masculine*)
**la** - the (*feminine singular*)
**l'armadio** - the closet
**le** - the (*feminine plural*)
**letto** - bed

77

*Glossario*
**lo** - him; it
**luglio** - July
**lui** - he
**ma** - but
**male** - badly; poorly
**mangia** - s/he eats
**mangiano** - they eat
**mangiare** - to eat
**mette** - s/he puts
**mi dispiace** - I'm sorry
**mia** - my (*feminine singular*)
**mio** - my (*masculine sincular*)
**molte** - many (*feminine*)
**molti** - many (*masculine*)
**molto** - much; lots
**nel** - in the (*contraction*)
**nella** - in the (*contraction*)
**nervoso** - nervous (*masculine singular*)
**no** - no
**nome** - name
**non** - not (*negation*)
**non preoccuparti** - don't worry
**nonna** - grandmother
**normale** - normal
**numero** - number

**o** - or
**oh** - oh
**orribile** - horrible (*singular*)
**orribili** - horrible (*plural*)
**pantaloni** - pants
**papà** - dad
**parco** - park
**parte** - s/he leaves, goes away
**per** - for
**perché** - why; because
**perfetta** - perfect (*feminine singular*)
**perfetto** - perfect (*masculine singular*)
**piccoli** - little; small (*masculine plural*)
**piccolo** - little; small (*masculine singular*)
**pigiama** - pajama
**pipì** - pee *(noun)*
**pizza** - pizza
**poi** - then; later
**porta** - s/he brings
**portare** - to bring
**prende** - s/he takes

*Glossario*

**prendo** - I take
**(non) preoccuparti** - (don't) worry
**preoccupata** - worried (*feminine singular*)
**preoccupato** - worried (*masculine singular*)
**preparano** - they prepare
**preparato** - prepared
**presidente** - president
**problema** - problem
**problemi** - problems
**programma** - program
**pronto** - hello (*when answering the phone*)
**pulisce** - s/he cleans
**pupù** - poop
**quando** - when
**aveva ragione** - s/he was right
**ratti** - rats
**ratto** - rat
**regali** - gifts
**regalo** - gift
**responsabile** - responsible
**responsabilità** - responsibility

**risponde** - s/he responds, answers
**rispondere** - to respond; to answer
**ritorna** - s/he returns
**ritornano** - they return
**ritornare** - to return
**ritorno** - I return
**rosso** - red
**rumore** - noise
**sì** - yes
**se** - if
**segreto** - secret
**sei** - you are
**sente** - s/he hears
**si addormenta** - s/he falls asleep
**si sveglia** - s/he wakes up
**sicuramente** - surely
**silenzio** - silence
**situazione** - situation
**solo** - only
**soluzione** - solution
**sono** - I am; they are
**sorella** - sister
**sorpresa** - surprise
**sorpreso** - surprised
**sta** - s/he is; s/he feels

*Glossario*

**stai** - you are; you feel
**sto** - I am; I feel
**sua** - his; her (*feminine singular*)
**suo** - his; her (*masculine singular*)
**suoi** - his; her (*masculine plural*)
**si sveglia** - s/he wakes up
**svegliare** - to wake up
**telefono** - telephone
**terra** - floor
**tranquillo** - tranquil; calm
**tu** - you (*singular*)
**tua** - your (*feminine singular*)
**tuo** - your (*masculine singular*)
**tutti** - everybody; all
**tutto** - everything
**tv** - TV
**un** - a (*feminine*)
**una** - a (*masculine*)
**un'altra** - another (*feminine*)
**un altro** - another (*masculine*)
**un'idea** - an idea
**uscire** - to leave; to exit
**va** - s/he goes
**vanno** - they go
**vede** - s/he sees
**vedere** - to see
**vedi** - you see
**vedo** - I see
**vedono** - they see
**vero** - true
**virus** - virus
**voglio** - I want
**volete** - you (*plural*) want
**vuoi** - you want
**vuole** - s/he wants
**wow** - wow

## About the Author

**Carol Gaab** has been teaching since 1990, including Spanish for all grades/levels and ESL and Spanish for various Major League Baseball clubs, most notably 20 years serving as the Language/Education Director for the San Francisco Giants. Carol also provides teacher training workshops throughout the U.S. and abroad and is the director of the International Multi-cultural Conference and the iFLT (International Forum on Language Teaching) Conference. In addition to editing materials for various authors/publishers, she has authored and co-authored Spanish curricula for elementary through upper levels and numerous novels, including *Brandon Brown dice la verdad, Brandon Brown quiere un perro, Brandon Brown versus Yucatán, El nuevo Houdini, Piratas del Caribe y el mapa secreto, Piratas del Caribe y el Triángulo de las Bermudas, Problemas en Paraíso, La hija del Sastre, Esperanza and Felipe Alou: Desde los valles a las montañas.*